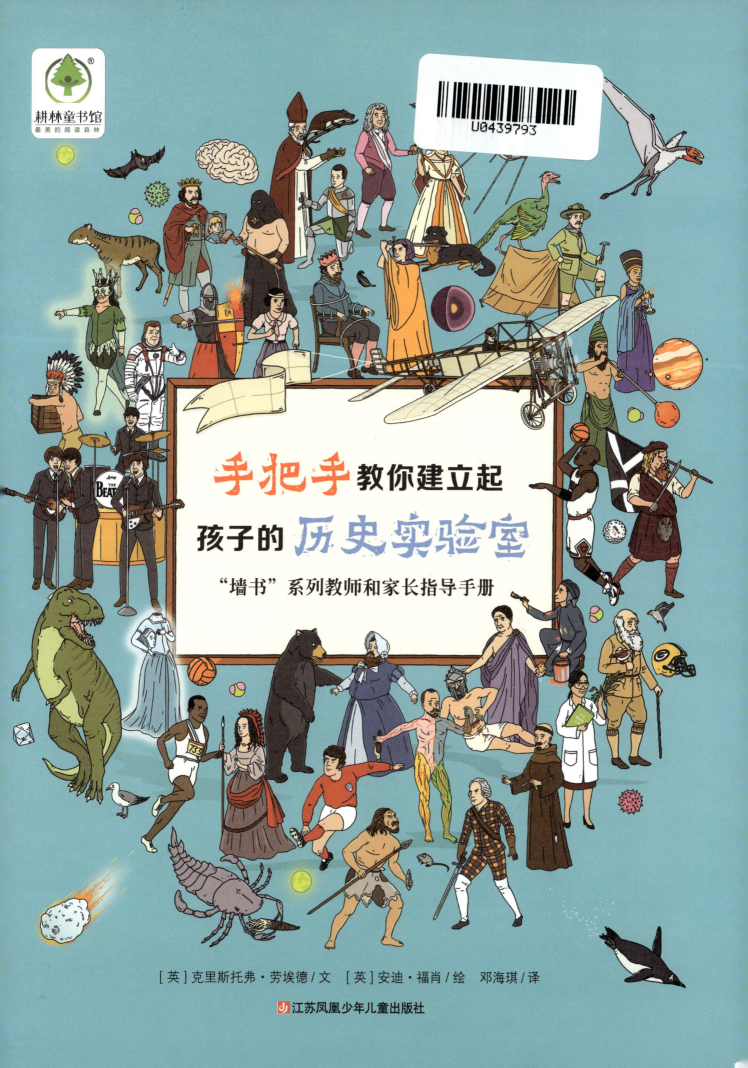

手把手 教你建立起孩子的 历史实验室

"墙书"系列教师和家长指导手册

[英]克里斯托弗·劳埃德/文　[英]安迪·福肖/绘　邓海琪/译

江苏凤凰少年儿童出版社

目录

好奇心宣言

"到我们确保所有孩子都带着对学习的终生热爱离开学校的时候了。"

"墙书"系列的创作者——克里斯托弗·劳埃德

当孩子（年轻人）离开学校的时候，有两件事情很重要：一、他们明白自己将不会在余生从事同一份工作；二、他们拥有一种难以抑制的、对学习的终生热爱。

明白、拥有了这些，年轻人不但能够很好地应对职业生涯里的急转突变，而且能够得享个人幸福。因为，对未来的预测，只有一样东西是绝对不会错的——未来将会充满着意想不到的变化。

不幸的是，全世界的传统教育体系都不够完善，并不能令年轻人准备好去应对变化的世界。其问题在于：一、过于相信"能否在考试中成功"是唯一重要的评判标准；二、相信专业知识比通识更有价值。

这份"相信"植根于一个逝去的工业时代——在这个时代中，年轻人被训练去做一份预计一辈子都将从事的工作。专业化起源于维多利亚时代，这个时代由英国工业革命开启，以大批量生产为代表。对一小部分事物的深入了解摧毁了工匠看似低效的生产方式。工匠一般手工制作一件产品，从设计到交货全部由一人完成。这种生产方式被各司其职的专业化生产线所取代，目的是使经济效率更高，产品更便宜。

今天的现代化数字经济从根本上打破了传统经济的框架，这样的经济发展趋势对人才的需求也大大改变了。当今的人才应该具有创造力，能够结合自身的各项才能，并且充满创业家精神，这样才可以在变化中茁壮成长。快速发展的科学技术和时政的不稳定性正在推动一场变革，而这场变革将获得自然界的佼佼者——智人（从1万年前的几万人急速发展到今天的70多亿人，这个种群震撼了自然界）的支持。而未来的佼佼者不会是那些终生按部就班从事同一份工作的人，他们将是一群喜欢通过不断学习来提升自己的人。

对年轻人进行通识教育，以及激发他们对学习的渴望不只是学校的工作，同时也是父母的责任。

对于大部分幼儿而言，父母是他们的首要教育者和榜样。

当年我的大女儿玛蒂尔达8岁，她在学校受挫之后，我们对她和她妹妹进行了超过5年的家庭教育。与此同时，我开始创作"墙书——时间图谱百科全书"系列。从那时起，我一路见证当年轻人被允许用他们源自本能、与生俱来的好奇心探索世界时，所产生的强大力量。

作为一位父亲及家庭教育者，这些经历给我上了三节简单的课，这三节课成就了由我和插画家安迪·福肖创作的"墙书"系列。这些感悟也同时成为这本手册中全部十项活动的理论基础。我希望作为一名成年人（父母或老师）的你，能够享受与孩子一起好奇地探索未知世界的乐趣。

第一课：好奇心与关联驱动

绝大多数学校和父母都认为孩子必须学习"他们被告知'需要'了解的知识"。我现在意识到这并不正确。值得庆幸的是，孩子对经验和知识有一种本能的渴望。我意识到完全可以利用这种被称作"好奇心"的渴望，使他们不必非得被迫学习"他们被告知'需要'了解的知识"，而是通过"最能引起他们兴趣的事情"来学习生命中的重要技能。

好奇心会驱动关联的力量。脑袋里塞满了毫无关联的信息碎片，就如同试图通过一块破碎的玻璃看穿真相一样徒劳。避免大脑信息碎片化的最佳做法是用跨学科的方法学习，把各个学科串联成一个无限延伸的"系列故事挂毯"，将从历史、地理、数学到生物学、音乐、艺术、政治、技术和工程科学等一切知识囊括其中。这样的故事线索更具意义——它们的外在和内在联系揭示了事件的因果，信息结合在一起能显示出更深刻的含义和更明确的方向。

好奇心同时允许孩子带着想象去探索。它鼓励孩子思考，赋予他们问问题的权利，这些问题可以是有关他们个人经历的独特问题，而不仅仅是老师或家长希望他们问的。这样，更能使他们得到一些"正确"的答案。好奇心将促使孩子踏上探索周围，以及整个精彩世界的自我旅程。我常对学生们说："纪实故事比任何你能编撰出的故事更令人惊奇。"对于一颗好奇的心来说，没有什么比现实世界更神奇。

通过亲自探索、发现来追寻知识，从而得到一种通识，这种方式遵循人类大脑学习的演进过程，是一种贴近自然的学习方式。好奇心能"教会"我们如何掌握基本的社会技能和语言，家长和学校的首要责任应该是"滋养"年轻人的这种自然本能，而不是告诉他们成人认为他们应该知道什么，从而湮没这种本能。

第二课：选择与自然激励

面临选择时，全世界的人，无论他们处于哪种文明，都会积极回应。人们乐于选择他们吃的食物，用的东西，以及居住的房子。就个体层面而言，幸福感被所能达到的选择范围强烈地影响着——当我们面临并做出选择时，我们的大脑会接收到天然的愉悦信息（多巴胺）。

事实上，整个历史，以及人类意识进化的目的便是以期达到可以由自我意识来支配我们的言行，而不是仅仅由本能或原始的情感来支配。人类之所以是人类，而不是爬行动物，主要应归功于"有意识的选择"。归根结底，这是本能鼓励我们去寻找，并做出在未来会对我们及我们赖以生存的群体有利的新决定的特定方式。

奇怪的是，传统学校很少让孩子自主选择他们的学习内容。相反，他们经常被直接告知要与某位或某几位指定老师，在某个指定时间，去某个指定地方，研究学习一个指定的科目。如此严重的选择缺乏，意味着传统的教育工作者拒绝接受大脑先天带有愉悦感的奖赏机制，这一机制是人类数百万年进化尝试和适应的产物。

第三课：记忆与环境

人脑无法仅通过文字或数字来记忆。相反，我们的记忆在文字和数字形成前就已经发展了几百万年，已经发展到主要通过图像识别处理信息和理解世界。阅读时，我们的大脑会把文字转换成图像来描述这个故事——想象出书中情境所发生的地方、主人公的形象。我们被这个处理图像的大脑赋予了一种想象力。用现代计算机术语来说，我们的大脑就是一台"图像文字转换器"。这就是大脑构建信息的方法。

因此，出于好奇，我花了一些时间来研究不涉及任何文字或数字的教育系统。当古希腊人创办他们的第一所学校时，他们的文明中还不曾有笔、纸或数字。因此，他们的学生只学习三个科目：几何（数学图形）、体操（来源于没有好身体就没有好思想的信条）和修辞学（这是一门有关脱稿演讲的艺术，也是一项基本技能，毕竟那时候还没有发明笔和纸）。

当我在学校授课及开设工作坊时，讲了这样一个故事。我跟学生们说："想象一下，你们来到学校，结果发现写作和算术是被禁止的……"每次，这都能给他们带来一阵欢愉。为什么呢？因为让我们的大脑通过数字和文字去学习是不符合本性的，大脑是通过美丽的图像来接收和反馈信息的，而不是通过写在纸上的文字和数字的形状。

当然，我们可以迫使大脑以不同的方式运转（这正是世界各地已建立的教育系统几十年来所追求的）。但我们不依靠与生俱来、自然演变的结构来帮助自己，反而阻止好奇心被充分利用，这种教育方式是十分危险的，因为好奇心正是我们人类智力发展的刺激要素之一。

这正是如今孩子会对学习感到

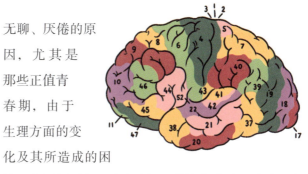

无聊、厌倦的原因，尤其是那些正值青春期，由于生理方面的变化及其所造成的困扰，为评判别人和冲动选择而苦恼的孩子。对孩子来说，从心理层面上感到无聊是不正常的（我们不能把无聊和有空闲时间，或没有安排事情混为一谈，前者是消极的，而后者很可能十分积极）。"无聊"是不正常的学习环境和散漫的大脑共同作用的结果，这样的大脑缺少最自然地通过关联、亲身参与和好奇心来学习的机会。

记忆是图像化的。梦是人脑筛选、过滤信息的一种方法。这种有关碎片整理的生物学进化使我们的自我意识能够保持完整，避免我们的思维"分崩离析"。不睡觉，我们会发疯，甚至会失去自我。而必不可少的梦则是由没有文字和数字的图像构成的。因此，作为梦的素材，先天的学习系统必须以形象化和图像识别为核心来处理经历过的信息，以便它们可以被最有效地存储和检索。

试想一下，在没有正式"认识"某个人之前，我们是怎样记住此人的脸的。想想人脑是多么的聪颖，它甚至能在一段低质量的通话中识别出一个人的声音。人脑这种对图像和声音的认知能力简直令人惊叹。视觉艺术、平面设计和口述故事，是高效而系统化地获取知识的基本形式。可视和可听是两大支柱，使记忆和信息在人脑中能够被存储和检索。无论传统教育如何努力尝试让我们用不同的方式学习，大脑最终都会将所有数据转换成它更喜欢的存储形式来接收，即图像和声音。

墙书——时间图谱百科全书

前面提到的三堂课是"墙书"系列版式、体系和设计的支柱。时间图谱是我和插画家安迪·福肖共同创作的。通过"时间图谱讲故事"这种艺术形式可以追溯到人类文化起源的初期——距今超过1.7万年的拉斯科洞窟壁画或西班牙的阿尔塔米拉洞穴壁画。

时间图谱是一种允许读者进行选择性阅读的图像化叙述方式。你可以在任何地点、任何时间开始或结束你的探索之旅，且永远不会感到迷失。你不必循规蹈矩地从头到尾进行探索，而是完全可以从中间开始然后再倒退回来，或者从开头直接跳到结尾，再跳回来。通常，你会最先被其中某个图像所吸引，随即确定将从哪里开始探索。图像将会引导你做出选择。你将建构起属于你自己的"故事"，但从一定程度上来说，这个故事不会脱离整个时间图谱的时间框架。你不会迷失，因为你找到了一个不但可以向后追寻，而且可以向前回顾的方法。

时间图谱中的大事件同样可以相互连接、产生关联。通过这样一种美好的方式将知识整合在一起，你可以看到在同一时间、不同地方发生的事。这种挂毯式的大幅图书不同于传统带书脊的教科书，书中所有的章节都在两米多长的维度中被一次性展现了出来。例如，"墙书"系列之《地球通史》用不同颜色色带标示出12个主题（章节），所有主题（章节）均被同时展现，一层叠一层，为各个"历史大戏"间建立联系提供舞台。每条色带分别代表一种背景（自然或人文）——太空、天空、海洋、陆地、石器时代、亚洲、中东和北非、欧洲、美洲、撒哈拉以南的非洲和大洋洲。配合底部的时间轴，保证了所有"演员"都按时间顺序准备就绪。

如果你想看看约16世纪20年代前后发生了什么，只需要在时间图谱上找到对应的时间点即可。丰富多彩的故事正等待着你——克里斯托弗·哥伦布发现了新大陆；英王亨利八世脱离罗马教廷；中国明朝开始重新修缮、扩建长城；马丁·路德反对罗马教廷；印加皇帝住进马丘比丘夏宫；大津巴布韦在南非蓬勃发展；波兰学者尼古拉斯·哥白尼提出地球围绕太阳运行的日心说。所有这些大事件都差不多发生于同一时代！

一个多层次的时间图谱是具有包容性的——它通过事件间的联系来彰显多样性。深入其中，你可以得到一个属于你自己的"故事"，一个你闭门造车或"深入"一本传统图书不可能得到的故事。过度专业化是以牺牲通识为代价的，并会带来缺乏全局观和远见的弊病。这本书的"故事"是由作为读者的"你"创造的，而不是由作为作者的"我"创造的——你选择时间，你决定从哪里开始，到哪里结束。安迪和我只是为你创造了一个好奇心可以"畅游"的环境。这就是我们所做的。我们做出"电路"，但是你，是你的好奇心让电流得以流动。

我还要提醒一点，只要孩子花时间看了我们的"墙书"系列，他们就一定能发现很多父母和老师都不知道的东西。这种天然的喜悦感（更多的多巴胺）和好奇心将驱动孩子去学习，去学习更多。基于本系列图书尺寸的优势，孩子经常会和他们的老师、朋友、父母一起看这套"墙书"。每个人都一定会注意到不同的内容，于是通过讨论（声音）和发现（图像），他们必将得到一段或多段共同的宝贵的学习体验。

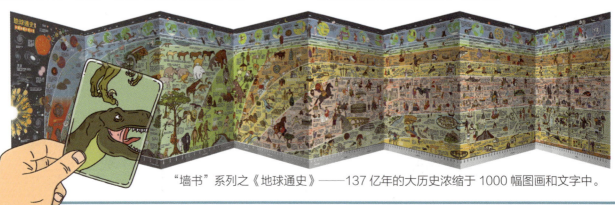

"墙书"系列之《地球通史》——137亿年的大历史浓缩于1000幅图画和文字中。

关于"墙书"系列指导手册

我真诚地希望，这本手册里的10项活动能比我写的任何一句话都更有用——展现出孩子和大人一起利用天生的好奇心学习的非凡力量。所有活动都可以修改、调整或扩展成任何你喜欢的形式。我们很乐意看到你这样做！这些活动被设计出来并不是为了让大家照本宣科地去遵守，它们仅仅起指导作用，仅仅是无数个探索知识的方法中的几个而已，不受年龄、文化、性别或背景的限制。

一些活动也许更适合年幼一点的孩子。但基本上，我们是以5岁及5岁以上的孩子为对象来设计这些活动的。每个孩子都是独一无二的，有的孩子尽管年龄较小也完全可以参与进来。这本指导手册里的活动没有年龄上限。父母、祖父母、老师、保育员和孩子都可以选用书中有趣和多样的内容。最重要的是，要一起参与进来，这样才能激发出真正的潜力。

最后，我们提供了一些机会让孩子可以把自己的创作上传到耕林童书馆微信公众号（ID：genglinbook）。每个月，我们都会提供一些奖励给那些创作出精彩作品的孩子。

无论你是孩子的父母、祖父母、保育员，还是一个试图寻找丰富、新鲜、有趣的方式来解放孩子自然创造力的老师，我们都衷心希望你能喜欢我们在这本手册中提供的活动。就个人层面而言，如果你看到这里，我希望我对我们方法背后理念的解释可以帮助你更好地理解这些方法。

我们将非常高兴收到你的反馈，或其他关于如何使用"墙书"来释放天生的好奇心和创造力的建议。无论是从长期还是短期获益来讲，帮助我们的下一代能像识字、识数，以及打好某些专业技能基础一样带着通识性知识和由好奇心推动的对学习的终生热爱去发展是很重要的。

向你致以最美好的祝愿！

克里斯托弗·劳埃德

"墙书——时间图谱百科全书"系列
集齐全套吧！

1.《地球通史》 2.《自然通史》 3.《竞技通史》 4.《科技通史》 5.《莎士比亚通史》

活动1：顺序！顺序！

概要

这项活动的目的是培养孩子的时间观念。大多数年轻人的大脑中都存有大量从不同学科、不同领域获得的信息。然而，他们却很少需要考虑这些信息产生的真正顺序。这个活动的好处在于，当孩子获得新的信息碎片时，他们能够通过对比之前、之后发生的特定事件来更好地整合这些信息。这将帮助他们在信息碎片间建立起联系，并清楚新信息应该被放置在整个时间轴的哪个位置。当信息融于图像化背景中，并以故事的形态存在时，人脑便能更好地记住它，因为人脑更易于检索互相关联的群组信息。

技能：记忆能力、叙事能力、讲故事的能力、图像化能力、调研能力、共同讨论的能力

准备："墙书"系列之《科技通史》《竞技通史》《地球通史》、剪刀和固体胶棒

实施

初级活动（适合5岁及5岁以上儿童）

下一页的八幅插图来自《科技通史》《竞技通史》和《地球通史》，它们定格和展示了科技史和竞技史上的著名时刻。请剪下这些插图，并试着让孩子在这三本书上找到它们。然后，让孩子写下每幅插图的时间，并看看他们能否按时间的先后顺序排列这八幅插图。最后，要求他们将插图依次贴到练习册的空格中以完成全部任务。检查孩子是否了解了这些大事件的正确顺序（把插图贴到了正确位置）！为了方便你开始，我们已经帮你完成了第一个。

强化活动（适合8岁及8岁以上儿童）

八个瞬间，八段图文并茂的信息，它们仅仅是这八个神奇故事的冰山一角。请查阅百科全书或上网搜索，找出更多有关这些瞬间的信息。建议孩子可以选择其中某一瞬间，写下自己对这个瞬间所做的扩展说明或联想故事（200字左右），并为其创作插图。

上传作品，赢取奖励！

完成强化活动后，请马上把作品（word文档或pdf文件）上传至微信公众号耕林童书馆（ID：genglinbook）。每个月我们都将提供一份奖品给活动1（顺序！顺序！）的最佳参与者。

请剪下正面的插图
并按时间顺序贴入右页的空格中

公元前 200 年：蹴鞠

活动 2：什么时候，发生了什么事？

概要

这项活动旨在为孩子提供多样化的视角来看待世界。当年轻人研究某一历史主题时，他们未必经常有机会去探索同一时间其他地方发生的事。这项活动不仅可以扩展他们正在学习的知识，还鼓励他们主动思考和联系主题以外的"世界"。例如，如果他们正在学习和研究中国明朝时的事情，这项活动将鼓励他们去探究同一时间英国和美国发生了什么。扩展活动建议创作一个遵循"墙书"系列之《地球通史》垂直逻辑线的故事，连接起世界上的不同地区，并且可以把这些同时期发生的事件串联起来，进一步改写成报纸或电视新闻报道。

技能：叙事能力、讲故事的能力、沟通能力

准备："墙书"系列之《地球通史》《自然通史》

实施

初级活动（适合 5 岁及 5 岁以上儿童）

拿着"墙书"系列之《自然通史》，让孩子从时间图谱上选择自己最喜欢的生物。待其做出选择后，马上要求他们查看最下面时间轴上对应的时间，确定所选生物是已灭绝，还是存活至今。完成后，要求孩子找到另外五种生物，它们要与刚刚所选生物生活在大致相同的时期，并需确保孩子至少选择了一种陆生生物、一种海洋生物、一种花草或树木，以及一种会飞的生物。可以把选好的生物画在练习册的模板上，并做上标记。

然后，可以讨论生物学是如何分类，每一类生物又是如何适应其所处环境而生存下来的。或者，试着继续讨论适应在海洋、陆地或天空等不同环境中生存的生物的不同特征。

强化活动（适合 8 岁及 8 岁以上儿童）

同样的活动形式也可以用在"墙书"系列之《地球通史》上。此活动方案主要适用于年龄稍大的孩子，帮助他们对地球 137 亿年的历史有个全面地了解。具体可要求孩子从下列时间：1421 年、1521 年、1621 年或 1721 年中选择一个，再从时间图谱亚洲、中东和北非、欧洲、美洲和撒哈拉以南的非洲等色带中找出至少一个事件。围绕这个事件，孩子可以创作自己的新闻公告，想象他们本人正在读那一年的新闻。他们也可以写一系列简短的专栏文章，或通过视频记录一段简短的脚本。这个活动大人和孩子可以一同参加，大人报道一些时刻，孩子则报道另一些时刻。这些报道可以组合成一份报纸，或一档电视新闻节目。

上传作品，赢取奖励！

完成强化活动后，请马上把作品（word 文档或 pdf 文件）上传至微信公众号耕林童书馆（ID：genglinbook）。如果创作了视频，也可以上传到腾讯视频，然后把链接粘贴到活动 2（什么时候，发生了什么事？）的专属页面，以便其他人观看。每个月我们都将提供一份奖品给活动 2（什么时候，发生了什么事？）的最佳参与者。

活动2：什么时候，发生了什么事？

时间

陆地

海洋

植物

会飞的

15

活动 3：创造一条故事线索

概要

这项活动将给孩子一个机会——利用时间图谱里的信息讲述他们自己的故事。从条目和主题列表中进行选择，研究与所选主题相关的所有大事件，然后用提供的故事模板分六步组成主题时间轴。这将锻炼、发展孩子研究探索的技能。他们可以自由找出与所选主题相关的事件，并解释原因。借助"六步故事模板"，他们的选择可以被更加直观地展现出来。每个孩子的作品都会与众不同，因为任一主题都有很多种事件组合可供选择。

技能：调研能力、图像化能力、共同讨论的能力

准备："墙书"系列所有图书

实施

初级活动（适合 5 岁及 5 岁以上儿童）

让孩子挑战从"墙书"里找出与下列主题相关的事件，越多越好。带星号（＊）的主题可能更适合低龄的孩子（8 岁以下）。列出相关事件后，可让孩子从中选择六个，并将它们写或画在练习册的故事模板中。然后，让他们按时间顺序排列好这些事件，并依据此顺序把它们连成一个完整的故事。

主题	"墙书"系列
人类与航空和飞行 ＊	《科技通史》
陆路交通 ＊	《科技通史》
著名建筑	《地球通史》
著名的统治者	《地球通史》
故事中的人物 ＊	《莎士比亚通史》
球类运动 ＊	《竞技通史》
电力	《科技通史》
会飞的生物 ＊	《自然通史》
昆虫	《自然通史》
发明	《科技通史》
恋人	《莎士比亚通史》
爬行动物 ＊	《自然通史》

强化活动（适合 8 岁及 8 岁以上儿童）

让孩子提出与上述主题不同的、更多的主题构想。他们还可以用练习册中的故事模板进行自己的时间图谱设计。

上传作品，赢取奖励！

如果孩子设计了属于自己的主题和时间图谱，或二者之一，请马上把作品（word 文档或 pdf 文件）上传至微信公众号耕林童书馆（ID：genglinbook）。每个月我们都将提供一份奖品给活动 3（创造一条故事线索）的最佳参与者。

活动 4：未来会发生什么？

概要

一个深度还原历史、有着宏大故事线索的故事给读者带来的好处将是巨大的——"学会从大处着眼看待过去，并以同样的方式和思维对待未来"。这项活动能让孩子把自己的想法亲手做成一个关于未来的时间图谱。基于理性和逻辑，人脑具有长远规划和短期逻辑思维、理性思考的能力。比如，破坏当下的环境可能会令我们生活舒适，但同时，理性和逻辑思考也在提醒我们，这样会对子孙后代造成不可估量的损害。因此，训练自己用更长远的眼光来看待历史，可以帮助我们学会如何运用理性把短期内的本能和情绪转化成更宽广、更合乎逻辑的观点。

技能：拓展的能力、洞察力、还原背景的能力、想象力

准备："墙书"系列之《科技通史》《自然通史》

实施

初级活动（适合 5 岁及 5 岁以上儿童）

让孩子想象六件未来可能会发生的事（界定它们是好事还是坏事可由孩子自己决定）。他们可以就下面两大主题<u>发明</u>和<u>物种</u>各想三件事。在孩子的设想中，未来会出现什么样的发明或物种呢？可以引导孩子想象已经被科幻电影或漫画描绘过，但还没有（可能要等上几百年）被研发出来的惊人发明。然后，再引导他们想一想尚未进化（可能要几百万年以后才进化）出来的物种。用练习册中的模板描绘这六段想象（三项发明和三个新物种），孩子可绘制插图，并编写说明。

强化活动（适合 8 岁及 8 岁以上儿童）

让孩子挑战写一份提案，以此来为一项科学发明获取资助。在提案中，他们必须解释清楚这个发明是什么，将如何使人们的生活变得更好，并造福地球。他们应该详细地说明制造这个发明需要多长时间，研发需要怎样的技能，以及需要花费多少资金。最后，他们应该画出这个发明的完成图。

上传作品，赢取奖励！

完成强化活动后，请马上把作品（word 文档或 pdf 文件）上传至微信公众号耕林童书馆（ID: genglinbook）。每个月我们都将提供一份奖品给活动 4（未来会发生什么？）的最佳参与者。

活动 4：未来会发生什么？

1、发明发表的日期_____

2、发明发表的日期_____

3、发明发表的日期_____

活动 4：未来会发生什么？

1、新物种形成的日期_____

2、新物种形成的日期_____

3、新物种形成的日期_____

活动 5：可能会变成……

概要

这个活动完全是为了让孩子有机会看到历史是多么错综复杂、变幻莫测而设计的。我们能够以史为鉴吗？我们能从历史中得到对未来的启示吗？就这些问题，我们可以进行深入讨论，即使是与年幼的孩子也可以讨论。"墙书"系列不仅展现了历史是如何不断重演的，而且也展现了随机事件是如何改变历史进程的。

技能：记忆能力、叙事能力、讲故事的能力、调研能力，共同讨论的能力

准备："墙书"系列之《地球通史》《科技通史》《自然通史》《莎士比亚通史》

实施

初级活动（适合 5 岁及 5 岁以上儿童）

读一些《墙书时报》里的新闻故事，你会发现——历史中的重要时刻一直在影响着历史。比如，一些惊人的科学时刻：火药的发明、第一架飞机试飞成功、核弹的发明等等。在自然史里，非常重要的随机事件包括：如果 6500 万年前，陨石没有撞击地球，进而恐龙也未灭绝，世界将会怎样？人类能存活到今天吗？从通史的角度试想一下，如果克里斯托弗·哥伦布没有发现美洲大陆，或者鸦片战争中，英国海军被击败了呢？

利用下面的"问题表格"，让孩子从相关"墙书"里找到对应条目。然后，和孩子一起讨论：如果这个事件或发明从未出现过，世界会是什么样子？将这种设想写成一个简短的故事或一首诗歌。世界会更好，还是更坏？或者，只是有一些无关痛痒的不同？为故事或诗歌配上插图吧。

序号	时间	想象下，如果……
1		6500 万年前，陨石没有撞击地球。
2		最后一个冰期没有结束。
3		秦始皇从来没有统一中国。
4		克里斯托弗·哥伦布没有发现"新大陆"。
5		拿破仑赢得了滑铁卢战役的胜利。
6		英国海军在鸦片战争中被击败。
7		希特勒作为一名士兵战死在一战战场。
8		爱因斯坦没有发现 $E=mc^2$。
9		前苏联是第一个把人类送上月球的国家。
10		恐怖分子的"9·11"恐怖袭击阴谋落空。

强化活动（适合 8 岁及 8 岁以上儿童）

然而，历史不只被随机事件所影响。问问孩子，看看他们能否发现了在自然史和人类史中重复出现的主题。为了帮助你开始，这里有一些主意：飞行体验已经经过了来自不同种群生物（例如：昆虫、爬行动物、鸟类和哺乳动物）的多少次"革新"？人类历史上，统治者或者说国王多少次试图统一欧洲，但终告失败？除此之外，你能找出其他反复出现的主题吗？再比如威廉·莎士比亚的戏剧，哪些剧中，鬼魂起到了重要作用？哪些剧中，有善妒的人物？

上传作品，赢取奖励！

完成活动后，请马上把作品（word 文档或 pdf 文件）上传至微信公众号耕林童书馆（ID：genglinbook）。每个月我们都将提供一份奖品给活动 5（可能会变成……）的最佳参与者。

活动 6：我最喜爱的人物！

概要

这个活动将把孩子带入莎士比亚神奇又令人毛骨悚然的世界。介绍莎士比亚精彩故事的最佳方式当属在环球剧场的标志性舞台上把它们一次性全演一遍。这种方式的最大好处是，孩子可以看到被可视化了的主题在一部又一部的剧中重现。回归"墙书"，我们可以看一看，多少部剧中，鬼魂起到了重要作用？多少部剧中有毒药？鲜花？婚礼？短剑？嫉妒？一个运用"墙书"系列之《莎士比亚通史》的简单方法是，让孩子列一个清单——哪些是有现实基础的故事，哪些是虚构的故事，然后说说为什么。另外，再请他们数数这 38 部戏剧中，属于这两类的分别有多少。在这个活动中，孩子将阅读和探索 38 部戏剧的情节摘要，并选出他们最喜爱的角色。

技能：记忆能力、叙事能力、讲故事的能力、图像化能力、调研能力、共同讨论的能力

准备："墙书"系列之《莎士比亚通史》

实施

初级活动（适合 5 岁及 5 岁以上儿童）

打开《莎士比亚通史》时间图谱，来展示莎翁毕生所创作的全部 38 部戏剧（最好挂上墙，或铺在地板上，因为时间图谱足足有 2.4 米长）。给孩子讲讲你想要他们找出鬼魂的这些戏剧——《理查三世》《裘力斯·凯撒》《麦克白》《哈姆莱特》等。解释一下为什么"羊皮纸"上的文字是最先要读的导语，然后演员的演绎是如何以三段的形式在对主要情节的描述中被淋漓尽致地展现的。一起读一读《罗密欧与朱丽叶》或《仲夏夜之梦》的故事。在时间图谱下方的时间轴中找出完成戏剧写作的同时，莎士比亚生活中发生了什么事。最后，让孩子选择他们最喜欢的人物——男英雄、女英雄、皇室成员以及反面人物，并把这些人物画下来，标注在练习册中的莎士比亚盾牌上，创作属于自己的伊丽莎白时期的盾徽。

强化活动（适合 8 岁及 8 岁以上儿童）

引导孩子说出历史上一位男英雄、一位女英雄、一位皇室成员，以及一个反面人物的例子。然后，鼓励孩子创造出属于他们自己的，并具有历史意义的个人盾徽。

上传作品，赢取奖励！

完成强化活动后，请马上把作品（word 文档或 pdf 文件）上传至微信公众号耕林童书馆（ID：genglinbook）。每个月我们都将提供一份奖品给活动 6（我最喜爱的人物！）的最佳参与者。

活动 6：我的盾徽

莎士比亚盾牌

男英雄

女英雄

皇室成员

反面人物

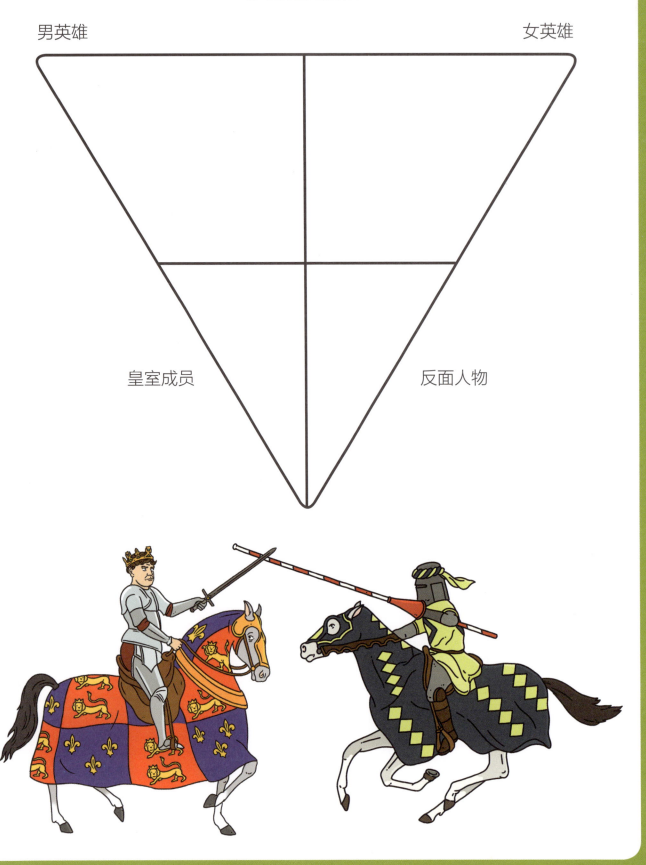

活动 7：测试时间到！

概要

这个活动将给孩子一个机会去证明他们比成年人懂得更多！这会是一个强大的学习动力（详见前言），它能帮助孩子树立自信，并给予他们与他人分享所得的机会。每一本"墙书"都配备有一个袖珍放大镜和一份 50 道题的小测验（附于《墙书时报》最后）。这些选择题的正确答案全部可以在 2.4 米长的时间图谱里找到。让孩子找出正确答案可以测试他们的毅力、探索力和观察力，而再补充一些测验题则更需要他们拥有一定的读写能力和幽默感。

技能：记忆能力、运算能力、调研能力

准备："墙书"系列全部图书

实施

初级活动（适合 5 岁及 5 岁以上儿童）

打开任何一本"墙书"，然后看看《墙书时报》最后的 50 道测验题。让孩子随机抽选 10 道题考考你，看你能答对多少。看看孩子能否算出你的正误率。然后，翻开另一本"墙书"，选 10 道题，给孩子 15 分钟在时间图谱上找出正确答案，并让孩子算出自己的正误率。如果你希望增加难度，可以选 15 或 20 道题，但请始终保持计算最终的正误率。

强化活动（适合 8 岁及 8 岁以上儿童）

让孩子任选一本"墙书"，从中挑选 10 或 15 个事实作为问题，每个问题设置 4 个答案选项。每个答案选项都请尽可能设置得可信，以迷惑答题者，增加难度。通常把选项 D 设置成一个滑稽的答案会很有趣，但偶尔把它设置成一个令人吃惊的答案给答题者来个措手不及也不错。让孩子去找 10 个大人来做测试，并把分数制成表格，在练习册中以柱状图的形式展示出来。

上传作品，赢取奖励！

孩子完成测试题后，请马上把作品（word 文档或 pdf 文件）上传至微信公众号耕林童书馆（ID：genglinbook）。每个月我们都将提供一份奖品给活动 7（测试时间到！）的最佳参与者。

测试结果汇总 得分

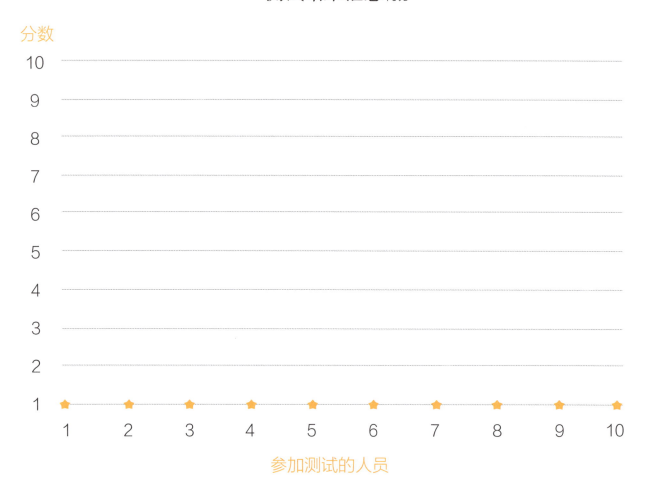

分数

10	
9	
8	
7	
6	
5	
4	
3	
2	
1	

1　2　3　4　5　6　7　8　9　10

参加测试的人员

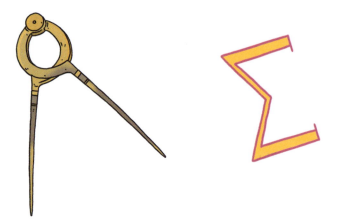

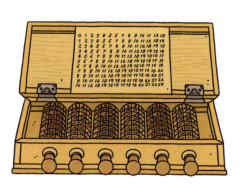

活动 8：我的家族时间图谱

概要

我的人生故事从哪里开始？"墙书"系列图书将帮助孩子（和大人）了解到：当你讲一个庞大的故事时，时间图谱能起到的作用。对于任何一个人来说，没有比个人生活和家族故事更庞大的了。换言之，家谱就是时间图谱。这个活动允许孩子去创作一张时间图谱，关于他们自己、他们的父母以及祖父母的生活，并把它们和政治史、竞技史及科技史的关键时刻、关键事件并列在一起。

技能：记忆能力、运算能力、调研能力

准备："墙书"系列之《地球通史》《竞技通史》《科技通史》

实施

初级活动（适合 5 岁及 5 岁以上儿童）

让孩子在练习册的"便签"上写下四个他们生命中至关重要的日期、时刻或里程碑事件，可以每一个配一张图片、一段说明文字并注明时间。然后，让孩子去采访其他家族成员，考考他们，让他们找出自己父母或祖父母人生的四个关键时刻，并分别填写在他们的"个人便签"中。最后，结合"墙书"，让孩子选择四个事件（科技或竞技方面的），事件开始直到结束的某个时间点必须和孩子的家族时间图谱（从他们祖父母出生到现在）中的某一时刻吻合。完成所有"便签"后，建议孩子把它们都剪下来整理成一张完整的时间图谱，可以把图谱贴在一张黑纸上，然后用家族照片、旧剪报或网上的图片加以装饰。

强化活动（适合 8 岁及 8 岁以上儿童）

让孩子挑战并创作家谱，往回追溯越多代越好。让他们设计和配上插图，标记出与家族故事同时发生的全球历史、竞技和科技领域的重要时刻及事件。

上传作品，赢取奖励！

孩子制作出家谱后，请马上把作品（word 文档或 pdf 文件）上传至微信公众号耕林童书馆（ID：genglinbook）。每个月我们都将提供一份奖品给活动 8（我的家族时间图谱）的最佳参与者。

活动8：我的家族时间图谱

奶奶
1

爷爷
1

奶奶
2

爷爷
2

奶奶
3

爷爷
3

奶奶
4

爷爷
4

活动 8：我的家族时间图谱

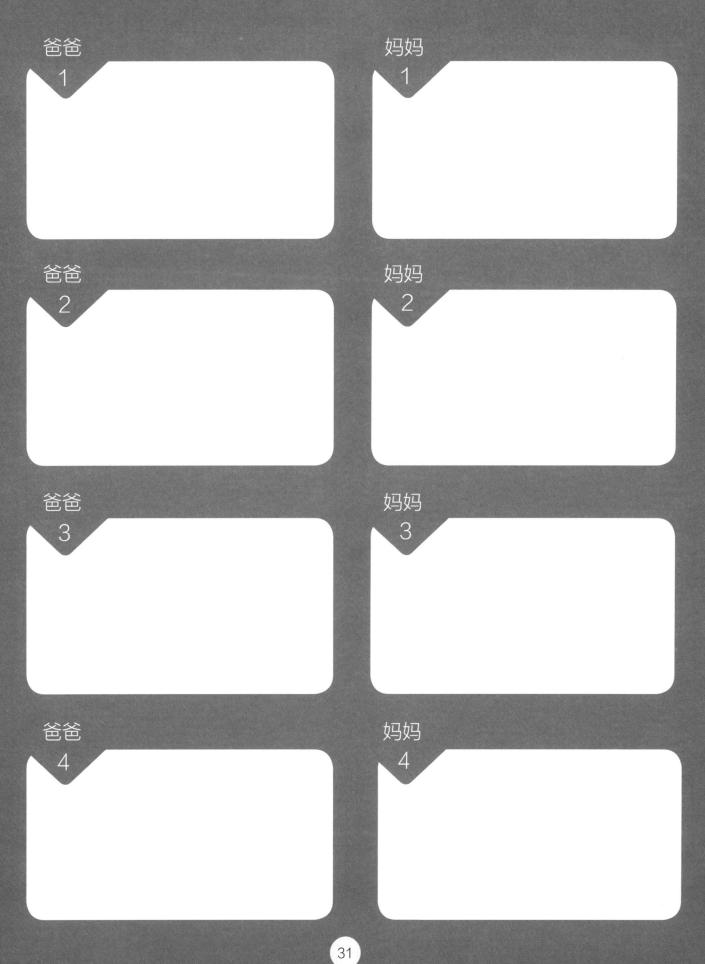

爸爸
1

妈妈
1

爸爸
2

妈妈
2

爸爸
3

妈妈
3

爸爸
4

妈妈
4

活动 8：我的家族时间图谱

我
1

全球大事
1

我
2

全球大事
2

我
3

全球大事
3

我
4

全球大事
4

活动9：来自我们自己的新闻报道

概要

历史总是被描绘得十分古老久远、干瘪枯燥。这些书写历史的传统方式对很多人来说是令人生厌的。为什么那些发生在很久之前的事情跟我（一个几百年后的人），有关系？其实，这种历史隔阂感很容易解决——使用新闻报道的书写方式即可，就像新闻记者用这种方式来描述发生在昨天的事情一样。

新闻报道是一种激动人心的、有感染力的、令人惊喜的，以及充满活力的文体，它让历史变得生动！当然，它也更加真实。历史实际上总是发生在当下，当你阅读一本书或是去了解一个过去的事件，那个历史事件即刻便在你脑中重演。所以，把历史事件当成"好似刚发生"这样来阅读，有助于重现它们的戏剧性和激情，而这也正是历史在传统的书写方式下经常会被抹杀的地方。

这项活动的重点是要引导孩子喜欢历史，把历史当成昨天发生的事一样去阅读和书写——为过去的事件注入感情和戏剧性。为此，每本"墙书"都专门设计了将近40篇的新闻报道。在本活动中，孩子需要自己挑选一个历史时刻，然后将它写成一篇新闻报道，就好像自己是一位现场记者一样。

技能：调研能力、读写能力

准备："墙书"系列之《科技通史》《地球通史》

实施

初级活动（适合 5 岁及 5 岁以上儿童）

翻开《科技通史》，与孩子一起阅读一些《墙书时报》中的内容。大家可以轮流拿书，先是大人读内容，孩子问问题；然后换过来，孩子读内容，大人问问题。之后，每人从练习册"《地球通史》事件列表"中选择一个事件，拿起笔——首先列出你想涵盖的要点，然后试着把它们写成一篇新闻或电视报道。

一旦你从后面的列表中选定了想写的事件，便需要着手从网上或其他书中寻找相关信息。但试着不要去看《地球通史》，因为你要把你的文章和我们的做一个对比！给自己一个时间限制，比如20分钟写完——记者总是不得不在截稿期限前完成任务，并且需要达到一个基本字数——我们建议从300~400字开始。不要忘记署名！最后，把你写的每一篇报道跟我们《地球通史》上的对比一下吧。

强化活动（适合 8 岁及 8 岁以上儿童）

现在，试着自己选择一个事件（竞技和科技时间图谱中充满了关于人类非凡成就的插图和说明，每一项成就都能写成一个让人惊叹的故事）。用300~400字写出你的故事，并配上一幅插图。

上传作品，赢取奖励！

孩子完成自己的新闻报道后，请马上把作品（word 文档或 pdf 文件）上传至微信公众号耕林童书馆（ID：genglinbook）。每个月我们都将提供一份奖品给活动 9（来自我们自己的新闻报道）的最佳参与者。

活动 9：来自我们自己的新闻报道

事件	日期	报道标题
图坦卡蒙的秘密墓室被埃及学研究者霍华德·卡特开启	1923 年	图坦卡蒙法老的埃及珍宝出土
中国西部的农民意外发现由真人大小的陶土兵组成的雄伟军阵	1974 年 3 月 30 日	中国农田出土兵马俑
罗马斗兽场开业	公元 80 年	血腥、暴力和勇气的狂欢 世界上最大的斗兽场落成
一支由弗朗西斯科·皮萨罗带领、号称"征服者"的西班牙探险队抓获了印加皇帝阿塔瓦尔帕	1532 年 11 月 17 日	西班牙征服者征服印加
引擎以高压蒸汽驱动，这一革命性技术使得引擎具有更强劲的动力	1801 年 12 月 29 日	铁马点着火 运输大变革
人类第一次踏上月球表面	1969 年 7 月 21 日	个人的一小步，人类的一大步

活动 10：卡牌游戏

概要

最后，我们用一项卡牌或发牌的游戏来作为我们一系列活动的收尾，这项游戏在世界上很多地方都很流行。具体说来，你得做一套主题卡牌，每张牌的分值介于 1 至 100 点之间，卡牌上显示著名人物、事件、物体所属的类别或特征。

尽管你可以自己自由创作，但我们还是在下面的表格中为你展示了一些例子。你应该试着结合所有"墙书"和下面的模板，制作出至少 50 张卡牌。你将需要一台打印机或复印机来复制这个模板，而且最好对已完成的卡片进行塑封，以防止它们受到磨损。

规则

平均分配每个人的卡牌，轮流挑战彼此。挑选一个类别并开始游戏，谁的牌分更高，谁就可以将对手的卡收入囊中。下一轮由赢家挑选类别。最终，拥有所有卡牌的人获胜！这项有趣的活动是为了拓展孩子的调研能力，他们必须懂得如何从某张时间图谱中挑选主题和截取时间点，并以此创建自己的卡牌类别和得分系统。

技能：记忆能力、计算能力、调研能力、读写能力

准备：任意一本、几本或所有"墙书"系列图书、很多张纸、剪刀、蜡笔和铅笔、塑封机

实施

从下面的表格中选择一个主题和相关类别

主题	墙书	类别
运动健将	《竞技通史》	力量、速度、财富、外貌、"酷元素"
发明	《科技通史》	用途、广泛影响、巧妙度、离奇度、收入潜力
莎士比亚的戏剧角色	《莎士比亚通史》	美貌、残忍无情、智慧、名誉、财富
物种	《自然通史》	速度、力量、恐怖等级、用途、弱点

现在使用我们的模板去制作你的卡牌，以"墙书"时间图谱上的人、地方、事件为蓝本。先决定每一个类别你要分配多少分，然后制作你的第一套卡牌（50 张）吧。

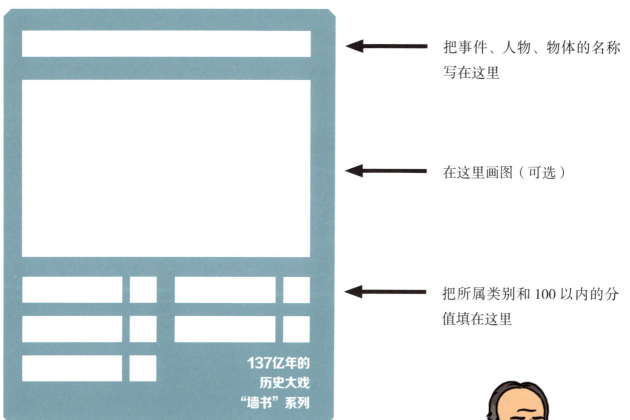

把事件、人物、物体的名称写在这里

在这里画图（可选）

把所属类别和100以内的分值填在这里

137亿年的历史大戏"墙书"系列

玩这个游戏你将需要至少30张卡牌，50张最好。

剪下你做好的卡牌，找一个朋友一起玩，只有最好（和最幸运）的人才能赢！

更多关于"墙书"系列的有趣测试、彩色图纸和其他有趣的活动，请关注微信公众号耕林童书馆（ID：genglinbook）。

请把反馈、建议及评论发至耕林编辑部邮箱：genglinbook@163.com。很期待收到您的来信，我们会根据读者的需求定期更新和拓展活动。